Für

_____

Von

_____

No. 53

Schöner lesen!

ISBN 978-3-649-64995-3
© 2025 Coppenrath Verlag GmbH & Co. KG
Hafenweg 30, 48155 Münster, Germany
Illustrationen: © 2025 Marjolein Bastin
Grafische Gestaltung: Daniela Lengers Grafik-Design, Laer
Redaktion: Kreativlektorat Daniela Vogel, Finnentrop
Alle Rechte vorbehalten.

Designed in Germany, Printed in P.R.C.

www.coppenrath.de

ZUM GEBURTSTAG
ALLES GUTE

Herzlichen Glückwunsch

COPPENRATH

ZUM GEBURTSTAG

Wo dir die andern reichlich spenden,
nimm meinen bloßen Glückwunsch an!
Ich komm zu dir mit leeren Händen,
dass ich ans Herz dich drücken kann.

AUS DEN „FLIEGENDEN BLÄTTERN"

Kummer sei lahm!
Sorge sei blind!
Es lebe das

Geburtstagskind!

THEODOR FONTANE

Ich habe ein paar Blumen für dich
nicht gepflückt, um dir ihr Leben mitzubringen.

CHRISTIAN MORGENSTERN

Herzlichen Glückwunsch –
bleib gesund, vergiss auch mal deine
Sorgen und lass dich feiern!
Du hast es verdient.

Unser ganzes Leben ist ein
nie wiederkommender Geburtstag der Ewigkeit,
den wir darum heiliger und freudiger
begehen sollten.

JEAN PAUL

Lebe so,
dass du wünschen musst,
immer wieder zu leben.

FRIEDRICH WILHELM NIETZSCHE

Wenn du morgens aufwachst, denke daran,
was für ein kostbares Privileg es ist,
zu leben, zu atmen, zu denken,
zu genießen und zu lieben.

MARC AUREL

MEIN WUNSCH

FÜR DICH IST:

MÖGEST DU

IN DEINEM HERZEN

IMMER DIE ERINNERUNG

AN JEDEN REICHEN TAG

DEINES LEBENS

BEWAHREN.

POESIEALBUMSPRUCH

Nur wer für den Augenblick lebt,
lebt für die Zukunft.

HEINRICH VON KLEIST

Es ist schön, zu leben, weil leben anfangen ist,
immer, in jedem

Augenblick.

CESARE PAVESE

Du kannst dein Leben nicht verlängern
und du kannst es auch nicht verbreitern.
Aber du kannst es vertiefen!

GORCH FOCK

Es gibt nur eine Zeit,
in der es wesentlich ist, aufzuwachen –

diese Zeit ist jetzt!

SIDDHARTHA GAUTAMA

Glücklich oder unglücklich
sind wir nicht durch unsere Lebenslage,
sondern durch unsere Einstellung
zum Leben.

AUS INDIEN

MB

GEBURTSTAGSGRUSS

Ach wie schön, dass du geboren bist!
Gratuliere uns, dass wir dich haben,
dass wir deines Herzens gute Gaben
oft genießen dürfen ohne List.

Möchtest du: nie lange traurig oder krank
sein. Und: wenig Hässliches erfahren. –
Deinen Eltern sagen wir
   unseren fröhlichen Dank
dafür, dass sie dich gebaren.

Gott bewinke dir
alle deine Schritte;
ja, das wünschen wir,
deine Freunde und darunter (bitte)

dein
Joachim Ringelnatz

Das Geheimnis des Glücks ist,
statt der Geburtstage die
Höhepunkte des Lebens
zu zählen.

MARK TWAIN

Es ist dein Geburtstag!
Genieße ihn in vollen Zügen,
bewahre dir die schönen Erinnerungen
an deinen Tag und freu dich auf alles,
was kommt.

Frohsinn
ist ein Schwimmgürtel
für den Strom des Lebens.

LUDWIG BÖRNE

Lebe! Liebe! Lache!

Auf diese Weise mache
dein neues Jahr zu einem Fest,
das dich dein Leben feiern lässt.
Es soll das neue Lebensjahr
noch besser sein, wie's alte war!

POESIEALBUMSPRUCH

Geld und Lachen
können das Alter zu Jugend machen.

AUS DEM TALMUD

Das Leben lässt sich ohne
Heiterkeit nicht denken.

JOHANN WOLFGANG VON GOETHE

Freude soll nimmer schweigen.
Freude soll offen sich zeigen.
Freude soll lachen,
glänzen und singen.
Freude soll danken ein Leben lang.

JOACHIM RINGELNATZ

LIESCHENS LETZTER STREICH

Es war Lieschens Geburtstag. Die Freude hatte sie schon früh am Morgen aufgeweckt und nun lag sie wach in ihrem Bett und hätte gar zu gerne die Mutter aufgeweckt, um mit ihr über den Geburtstag zu sprechen. Vor 6 Uhr durfte sie aber die Mutter nicht wecken, das wusste Lieschen. Sie kannte zwar die Uhr noch nicht recht, aber so viel hatte ihr die Mutter gelehrt: Wenn der große Zeiger ganz oben und der kleine ganz unten ist, dann ist es 6 Uhr und dann darfst du mich wecken. Lieschen sah auf die große Wanduhr; der große Zeiger war noch lange nicht oben und der kleine auch noch nicht ganz unten und sie gingen so langsam vorwärts, Lieschen wurde ganz ungeduldig. Da kam ihr plötzlich ein Gedanke: „Wenn ich den großen Zeiger

hinaufschiebe und den kleinen hinunter, dann ist's ja 6 Uhr und dann darf ich die Mutter wecken."
Sie besann sich nicht lange – denn das Besinnen war nie ihre Sache –, sie schlüpfte leise aus dem Bett, um die Mutter ja vor 6 Uhr nicht zu stören, stieg auf den Tisch, über dem die Uhr hing und streckte sich. Mit knapper Not konnte sie die Zeiger erlangen. Sie rückte zuerst an dem kleinen – das ging viel schwerer als sie gedacht hatte und

es knackte auch ein wenig, aber es ging doch und auch den großen brachte sie hinauf.

„So, nun ist es 6 Uhr", dachte sie. Voll Vergnügen stieg sie herunter und kam an der Mutter Bett.

„Guten Morgen, Mutter, hast du auch schon daran gedacht, dass heute mein Geburtstag ist?"

„Guten Morgen, kleine Geburtstägerin", antwortete die Mutter freundlich, „ist's denn schon 6 Uhr?"

„Ja, sieh nur auf die Uhr!"

„Wirklich, gerade 6 Uhr, ich bin aber noch ganz müde und will noch ein wenig liegen bleiben, schlupfe nur noch ein Viertelstündchen zu mir ins Bett!"

Das ließ sich Lieschen nicht zweimal sagen, da konnte sie nun nach Herzenslust mit der Mutter über alles plaudern, was der heutige Tag wohl bringen würde.

AGNES SAPPER

Ja, wir freuen uns alle

heissa heissassa sa!

Denn es ist dein Geburtstag.

HOFFMANN VON FALLERSLEBEN

Ich wünsche dir
...dass du nie verlernst, dich wie ein
Kind zu freuen, im Regen zu tanzen und
einer Sternschnuppe deinen Wunsch
anzuvertrauen.

JEDER, DER SICH

DIE FÄHIGKEIT ERHÄLT,

SCHÖNHEIT ZU ERKENNEN,

WIRD NIE ALT WERDEN.

FRANZ KAFKA

Jugend
ist ein wundervolles Ding;
es ist ein Verbrechen,
es an die jungen Leute zu verschwenden.

GEORGE BERNARD SHAW

Um die ewige Jugend zu erlangen,
würde ich viel tun –
mit Ausnahme von Gymnastik
und frühem Aufstehen.

OSCAR WILDE

Das Leben ist

bezaubernd,

man muss es nur
durch die richtige Brille sehen.

ALEXANDRE DUMAS D. J.

Gesundheit
und ein heitrer Sinn
führen leicht
durch's Leben hin.

THEODOR FONTANE

Versuchungen
sollte man nachgeben.
Wer weiß, ob sie wiederkommen.

OSCAR WILDE

Alter, *tanze,* trotz den Jahren!
Welche Freude, wenn es heißt:
Alter, du bist alt an Haaren,
blühend aber ist dein Geist!

GOTTHOLD EPHRAIM LESSING

Der junge Mann kennt die Regeln,
aber der erfahrene Mann
kennt die Ausnahmen.

OLIVER WENDELL HOLMES, SR.

Leben allein genügt nicht,
sagte der Schmetterling,

Sonnenschein,

Freiheit und eine kleine Blume
muss man auch haben.

HANS CHRISTIAN ANDERSEN

Im neuen Lebensjahr
… sollst du viele glückliche Momente
erleben, Zeit für die Dinge haben, die
dir wirklich wichtig sind, und immer ein
bisschen mehr auf der Sonnenseite statt
im Regen stehen.

Die Sonne scheint für dich – deinetwegen; und wenn sie müde wird, beginnt der Mond, und dann werden die Sterne angezündet.

Es wird Winter, die ganze Schöpfung verkleidet sich, spielt Verstecken, um dich zu vergnügen.

Es wird Frühling; Vögel schwärmen herbei, dich zu erfreuen; das Grün sprießt, der Wald wächst schön und steht da wie eine Braut, um dir Freude zu schenken.

Es wird Herbst, die Vögel ziehn fort, nicht weil sie sich rarmachen wollen, nein, nur damit du ihrer nicht überdrüssig würdest. Der Wald legt seinen Schmuck ab, nur um im nächsten Jahr neu zu erstehen, dich zu erfreuen …

SØREN KIERKEGAARD

Die Freude und das Lächeln sind der Sommer des Lebens.

JEAN PAUL

Wer sich heute freuen kann,
soll damit nicht bis morgen warten.

AUS ITALIEN

Wie doch Freude und Glück
einen Menschen schön machen.

FJODOR DOSTOJEWSKI

*D*ie Sonne blickt mit hellem Schein
so freundlich in die Welt hinein.
Mach's ebenso!
Sei heiter und froh!

JOHANN GOTTFRIED HERDER

Die Freude ist überall.
Es gilt nur, sie zu entdecken.

KONFUZIUS

Glück ist das mächtigste Stärkungsmittel.

HERBERT SPENCER

Eine Freude vertreibt hundert Sorgen.

AUS JAPAN

Im Grunde ist es immer eins, ob man sich über das Gegenwärtige oder Vergangene zu freuen hat; wenn man sich denn nur freut.

GOTTFRIED EPHRAIM LESSING

Es gibt im Leben zwei Dinge,
die wichtig sind:
erstens,
das zu bekommen, was man will,
und zweitens,
sich dann daran zu erfreuen.

LOGAN PEARSALL SMITH

Das Glück wohnt
nicht im Besitz und nicht im Gold,
das Glücksgefühl ist
in der Seele zu Hause.

DEMOKRIT

Das Beste im Menschen
sind seine jungen Gefühle
und seine alten Gedanken.

JOSEPH JOUBERT

Die Zeit wandelt uns nicht,
sie entfaltet uns nur.

MARK TWAIN

Ich wünsche dir
... noch so viele spannende Jahre in deiner
Zukunft, wunderbare Erinnerungen und
die Erkenntnis, dass man das Hier und
Jetzt nicht vernachlässigen darf.

DAS GLÜCK BEGINNT, WO MAN DIE ZEIT VERGISST.

SPRICHWORT

BRITISCHE FESTLICHKEITEN

Nachdem ich den Niagarafall in Augenschein ge-
nommen, begab ich mich auf das kanadische Ufer.
Hier traf ich im ersten Hotel mit dem Major des
42. Füsilierregiments und einem Dutzend anderer
strammer und gastfreier Engländer zusammen, die
mich einluden, im Verein mit ihnen den Geburtstag der Königin zu feiern. Dazu war ich mit Freuden bereit. Eine Schwierigkeit würde sich jedoch
kaum beseitigen lassen: Ich sei nämlich ein grund-
sätzlicher Gegner von berauschenden Getränken
und wisse nicht, wie ich in den schwachen Flüs-
sigkeiten, an die ich gewöhnt sei, einem solchen
Geburtstag die gebührende Ehre antun solle.
Der Major kratzte sich den Kopf und unterwarf
die Sache, einer langen und reiflichen Überlegung.
Endlich sagte er jedoch: „Ich hab's! Trinken Sie
Sodawasser."
Dabei blieb es denn. Wir versammelten uns in
einem großen, prachtvoll ausgeschmückten Saal
und nahmen an der Tafel Platz, welche mit leibli-

chen Genussmitteln, in fester sowohl als flüssiger Form, reich beladen war. Unter witzigen Toasten und trefflichen Reden blieben wir bis lange nach Mitternacht beisammen. Ich war in meinem ganzen Leben nicht so vergnügt und trank 38 Flaschen Sodawasser. Aber mir scheint, das ist doch kein recht geeignetes Getränk zu stärkerem Verbrauch. Als ich am nächsten Morgen aufstand, war ich voll Gas und so straff gespannt wie ein gefüllter Luftballon. Von meinen Kleidungsstücken passte mir nichts mehr – ausgenommen mein Regenschirm. Nach dem Frühstück fand ich den Major wieder mit großartigen Vorbereitungen beschäftigt. Auf meine Frage, was sie zu bedeuten hätten, erfuhr ich, es sei der Geburtstag des Prinzen von Wales, der am Abend festlich begangen werden müsse. Wir feierten ihn also; waren wider mein Erwarten sehr lustig dabei und brachen auch diesmal erst nach Mitternacht auf. Des Sodawassers war ich überdrüssig, ich hielt mich an Limonade und trank mehrere Quart. Man sollte denken, Limonade, in Masse genossen, müsse dem Menschen besser bekommen als Sodawasser. Aber das ist ein Irrtum. Am Morgen hatte sie mir den ganzen Magen durchsäuert und meine Zähne so stumpf gemacht, dass ich nichts beißen konnte; es war gerade, als hätte ich den Kinnladenkrampf. Dabei fühlte ich mich schrecklich unwohl und schwermütig.

Bald nach dem zweiten Frühstück traf ich den Major bei neuen Vorbereitungen. Als er sagte, es sei der Geburtstag der Prinzess Helene, verbarg ich meinen Kummer.

„Wer ist die Prinzess Helene?", fragte ich.

„Tochter Ihrer Majestät der Königin", erwiderte der Major.

Ich leistete keinen Widerstand.

Am Abend fand die Geburtstagsfeier der Prinzess Helene statt. Sie dauerte wie gewöhnlich bis tief in die Nacht hinein und ich war wirklich sehr vergnügt. Aber Limonade konnte ich nicht mehr vertragen. Ich trank einige Kübel voll Eiswasser aus.

Am Morgen hatte ich Zahnschmerzen, Krämpfe, Frostbeulen, dazu noch immer stumpfe Zähne und eine ziemlich große Menge Gas im Innern. Den unermüdlichen Major fand ich aber schon wieder am Werk.

„Wem soll denn das gelten?", erkundigte ich mich.

„Seiner königlichen Hoheit, dem Herzog von Edinburgh", lautete die Antwort.

„Sohn der Königin?"

„Ja."

„Und heute ist sein Geburtstag? – Sie irren sich doch nicht?"

„Nein, die Feier findet diesen Abend statt."

Ich unterwarf mich dem neuen Verhängnis. Die Festlichkeit ging vor sich und ich trank ein halbes Fass Apfelwein. Als ich mich am andern Morgen mit mattem, von der Gelbsucht gefärbtem Blick umschaute, gewahrte ich gleich zuerst den Major wieder bei seinen nie endenden Vorbereitungen.

Da brach mir das Herz und ich zerfloss in Tränen. „Wen sollen wir denn heute beweinen?", fragte ich.

„Die Prinzessin Beatrice, Tochter der Königin."

„Halt", rief ich, „jetzt ist es an der Zeit, nähere Erkundigungen einzuziehen. Wie lange wird wohl die Familie der Königin noch herhalten? Wer kommt zunächst auf der Liste?"

„Ihre königlichen Hoheiten der Herzog von Cambridge, die Prinzess Royal, Prinz Arthur, die Prinzessin Mary von Teck, der Großherzog von Mecklenburg-Strelitz, die Großherzogin von Mecklenburg-Strelitz, Prinz Albert Viktor –"

„Genug!", unterbrach ich ihn. „Der Mensch kann viel ertragen, doch alles hat seine Grenzen. Ich bin nur ein Sterblicher. Mit jedem meines Geschlechts will ich's aufnehmen; aber, wer alle Mitglieder dieser Familie feiern und noch am Leben bleiben kann, der muss mehr sein als ein Mensch – oder weniger. Wenn Sie das alle Jahre durchzumachen haben, so danke ich Gott, dass ich in Amerika geboren bin; ein Engländer zu sein, ertrüge ich bei meiner Leibesbeschaffenheit nicht. Ich kann mich an dem Unternehmen nicht länger beteiligen; meine Auswahl an Getränken ist erschöpft. Ja, für mich gibt es kein Getränk mehr und doch müsste noch auf das Wohl so vieler angestoßen werden! Kein Getränk mehr – und wir stehen sozusagen erst im Vorhof der Familie. Es tut mir wahrhaftig leid, mich zurückzuziehen, aber die bittere Not treibt mich dazu. Ich bin mit Gas gefüllt, meine Zähne sind lose im Munde, ich leide an Krämpfen, an Skorbut, an Zahnweh, Masern, geschwollenen Backen und Kinnladenkrampf, auch habe ich von dem Apfelwein gestern die Cholera bekommen. Meine Herren, trotz der besten Absicht von der Welt bin ich wirklich nicht in der Verfassung, die übrigen Geburtstage mitzufeiern. Ich muss um eine Pause bitten."

MARK TWAIN

Mit dem Leben
ist es wie mit einem Theaterstück.
Es kommt nicht darauf an,
wie lang es ist, sondern wie

bunt.

LUCIUS ANNAEUS SENECA

Alter spielt keine Rolle
... wenn du dich für das Leben
begeisterst, immer wieder Neues
für dich entdeckst und jedem Tag
ein Lächeln schenkst.

Beeile dich nie.
Übe viel.
Sei immer

fröhlich.

Schlafe, so viel du musst,
und du kannst damit rechnen,
dass es dir gut geht.

JAMES FREEMAN CLARKE

Leicht zu leben ohne Leichtsinn,
heiter zu sein ohne Ausgelassenheit,
Mut zu haben ohne Übermut –
das ist die Kunst des Lebens.

THEODOR FONTANE

ES IST EIN

UNGEHEURES GLÜCK,

WENN MAN FÄHIG IST,

SICH FREUEN

ZU KÖNNEN.

GEORGE BERNARD SHAW

Ein herzhaftes Lachen
ist wie Sonnenschein im Haus.

WILLIAM MAKEPEACE THACKERAY

Weißt du, worin der Spaß des Lebens liegt?

Sei lustig! –

Geht das nicht, so sei vergnügt.

JOHANN WOLFGANG VON GOETHE

Die beste Art,
für einen glücklichen Augenblick zu zahlen, ist,
ihn zu genießen.

SPRICHWORT

Der höchste Genuss besteht
in der Zufriedenheit mit sich selbst.

JEAN-JACQUES ROUSSEAU

Hakuna Matata:
keine Sorgen.

AUS KENIA

Vollständige Sorglosigkeit
und eine unerschütterliche Zuversicht
sind das Wesentliche
eines glücklichen Lebens.

LUCIUS ANNAEUS SENECA

*W*ende dich ab von den Sorgen,
überlass alle Dinge dem Schicksal;
freu dich des Guten, das heute dir lacht,
und vergiss darüber alles Vergangene.

AUS 1.001 NACHT

Ich wünsche dir
... nach jeder dunklen Wolke einen
Regenbogen, ein offenes Fenster, wenn
sich eine Türe schließt, und immer das
richtige Bauchgefühl.

Will das Glück nach seinem Sinn
dir was Gutes schenken,
sage Dank und nimm es hin
ohne viel Bedenken.

Jede Gabe sei begrüßt,
doch vor allen Dingen:
Das, worum du dich bemühst,
möge dir gelingen.

WILHELM BUSCH

Ich habe keine andere Pflicht
als die der
Lebenslust,
so glücklich als möglich zu leben.

RICHARD DEHMEL

Das Glück des Lebens setzt sich aus
winzigen Kleinigkeiten zusammen –
den kleinen, bald vergessenen Wohl-
taten eines Kusses oder Lächelns,
eines freundlichen Blicks, eines von
Herzen kommenden Kompliments –,
zahllosen, unendlich kleinen Dosen
angenehmer und belebender Freuden.

SAMUEL TAYLOR COLERIDGE

Man kann den *Frühling* im Jahr nicht festhalten, aber man kann jung bleiben in der Seele bis an sein Ende, wenn man die Liebe lebendig erhält in seinem Herzen für die Menschen, die der Liebe würdig sind, und das Auge offen behält für das Schöne, Große, Gute und Wahre.

FANNY LEWALD

Ich zähle am liebsten die Zeit
von Frühling zu Frühling.
Es ist doch erheblich erfreulicher,
das Jahr in Blüten
als in Mehltau zu berechnen.

DONALD G. MITCHELL

WOHIN DAS HERZ

UND ALLE WÜNSCHE

SCHWEBEN,

DA LEBT DER MENSCH

DAS EIGENTLICHE

LEBEN.

HEINRICH MARTIN

Feiere jeden Geburtstag,

als ob es der letzte wäre,
und bedenke,
dass Liebe das einzige Geschenk ist,
das wirklich die Mühe wert ist,
zu geben.

MARIE VON EBNER-ESCHENBACH

Im neuen Lebensjahr
... mögest du in den schönsten Momenten
immer ein bisschen mehr Zeit haben und
ganz oft fühlen, wie sehr du geliebt wirst.

Mögen Blumen immer deinen Weg säumen
und Sonnenschein deinen Tag erhellen.
Mögen Vögel dir ein Lied singen
bei jedem Schritt auf deinem Weg.
Möge ein Regenbogen dich begleiten
an einem immerzu blauen Himmel.
Und möge Glück täglich dein Herz erfüllen –
dein ganzes Leben lang.

IRISCHER SEGENSWUNSCH

Herzlichen
Glückwunsch!